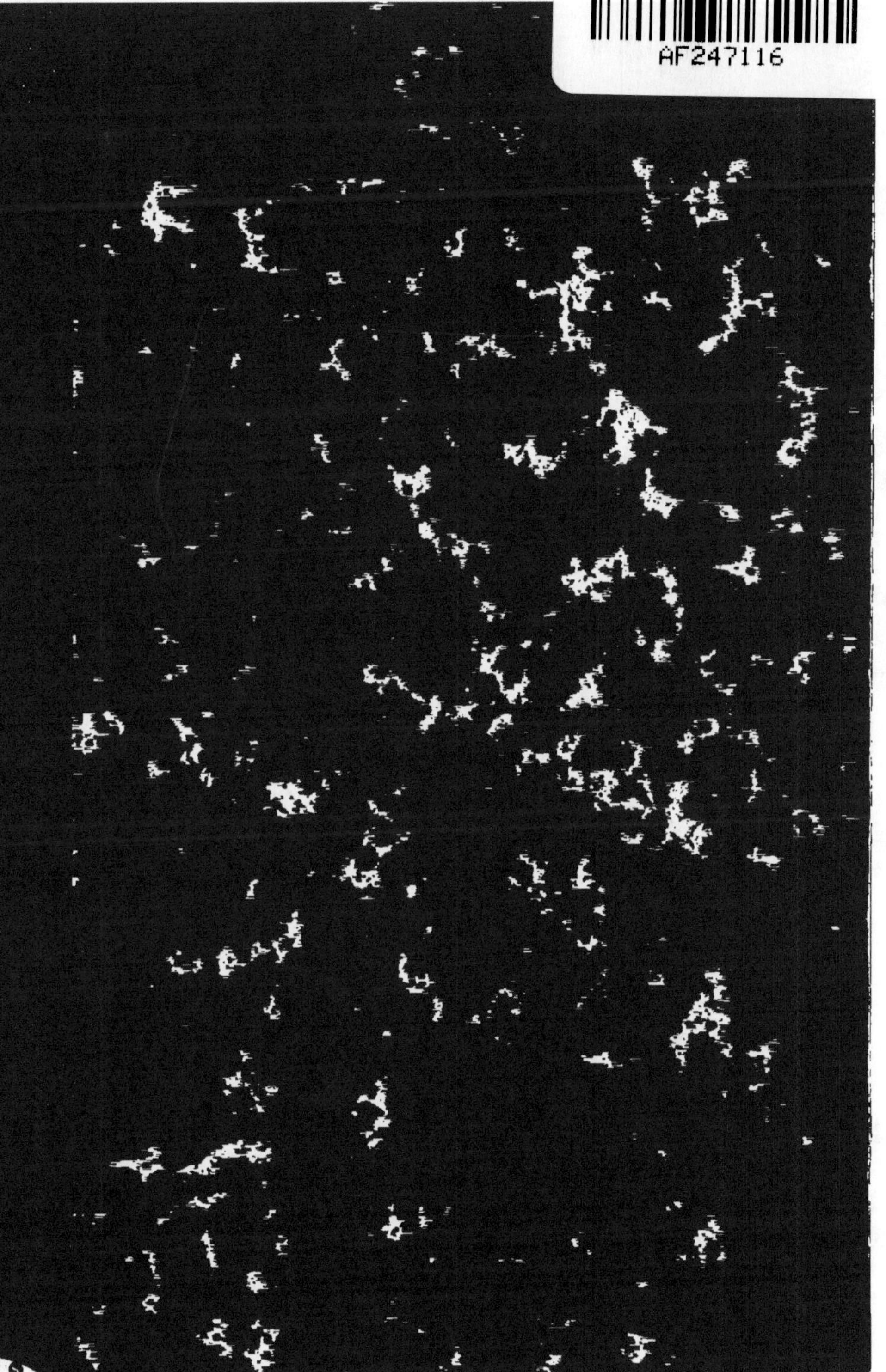

DISCOURS

POUR LES FÊTES

DE LA LIBERTÉ

DE L'AN IVme,

CÉLÉBRÉES LE 10 THERMIDOR ;

Prononcé en présence des Autorités constituées du chef-lieu du département de la Marne, et d'un grand concours de Citoyens ;

Par le C.^{en} J. CHARRON, Administrateur du Département

Imprimé par ordre de l'Assemblée.

A CHALONS, DE L'IMPRIMERIE DE MERCIER.

DISCOURS

POUR LES FÊTES

DE LA LIBERTÉ

DE L'AN IV.me,

CÉLÉBRÉES LE 10 THERMIDOR ;

Prononcé en présence des Autorités constituées du chef-lieu du département de la Marne, et d'un grand concours de Citoyens, par J. Charron, membre du Département.

CITOYENS,

Trois époques mémorables, dignes de l'étonnement de la postérité, faites chacune pour occuper une longue place dans l'histoire, se présentent à la fois.

A 2

Sans doute il suffirait du souvenir que ces époques rappellent pour que tous les Français, abjurant leurs haines, oubliant les maux qui les environnent, les privations qu'ils éprouvent, réunis tous autour de l'autel de la Patrie, se livrassent à la joie que doivent inspirer nos triomphes, et les succès que retracent les journées du 14 juillet, du 10 août et du 9 thermidor.

Mais les malheurs des circonstances; mais l'allanguissement de l'esprit public; mais les efforts de la malveillance et des passions exaspérées qui dénaturent depuis long-temps tous les événemens, tout nous prescrit, devançant la postérité, d'occuper nos pensées de quelques-uns des traits que la commémoration de ces journées fameuses fournissent à la reconnaissance publique, et à l'instruction de nos fils.

Soumis au changement comme tout ce qui est, les hommes et les empires portent dans leur sein le germe de la destruction. Une rapidité que rien n'arrête entraîne tout, dit Massillon, dans les abymes de l'éternité; les siècles, les générations, les empires, tout va se perdre dans ce gouffre : ainsi tous les âges se renouvellent ; ainsi la figure du monde change sans cesse ; rien ne demeure ; tout s'use, tout s'éteint.

Trois périodes sont marquées par la nature et par le temps sur l'ordre physique et sur l'ordre moral : le commencement, le milieu et la fin. Le peuple Franc, guerrier dans son origine, fort, vigoureux, triomphant dans sa splendeur, s'énerve à force de puissance ; ainsi le luxe des Grecs corrompit les Romains ; ainsi les beaux arts, ces consolateurs des peuples policés et pacifiques, contribuèrent à amener la mollesse en France, et par suite le dépérissement d'un gouvernement qui, quoique non écrit, a pourtant traversé les siècles et les orages.

Ce n'est pas seulement dans l'immense prodigalité des cours, dans les lumières du siècle, que la révolution de 1789 voit remonter son origine. Le déficit des vertus était à son comble avant le déficit des finances.

Malgré Colbert, les novateurs replâtraient le crédit de l'état avec la misérable ressource des emprunts ; mais l'hypocrisie, mais la corruption ne purent céder à l'éloquence des Bossuet, des Boùrdaloue et des Fénélon ; et quand un empire très-populeux tombe de magnificence et de décrépitude, il doit être asservi.

C'est en cet état d'avillissement, de dettes,

de déprédations ; c'est, recouvert d'un voile de pourpre , que le timon de la monarchie, ébranlé par toutes les secousses , passe dans les mains d'un enfant , ou plutôt d'un prêtre inhabile et vindicatif , et d'un régent voluptueux et dilapidateur , qui laisse inonder la France de malheurs , de dépenses et de papier.

Livré à ses propres forces, et bientôt à sa corruption , Louis XV , au milieu des molles délices , laisse flotter les rênes de son empire au gré des courtisannes qui se succèdent, et des vils ministres de ses plaisirs.

Perdu de dettes et de débauches , haï des peuples dont il avait décuplé les misères ; dissimulé jusqu'à l'excès , Louis XV , en rentrant dans le néant qui le réclamait, y descendit tout entier.

A la cour corrompue de ce monarque , succéda une cour jeune, déprédatrice. Esclave de ses domestiques , jouet des ministres et des parlemens , portant par-tout l'éducation mauvaise de Lavauguyon , laissant s'accroître autour de lui le nombre des favoris et des novations , de chûte en chûte Louis XVI tombe sous les serres des Calonne et des Polignac.

Cependant, la nation courroucée contemplait avec indignation cet énorme amas d'abus qui s'ammoncelaient autour du château de Versailles. Montesquieu, J. Jacques, Locke, Helvétius, Voltaire, Mably, et toutes leurs doctes leçons, étaient dans toutes les pensées; chaque jour la vérité déchirait un des voiles dont les sultans l'avaient emmaillotée; Chaque plume brûlait le papier; et malgré la chambre syndicale, la police et l'espionnage, les lumières se répandaient du centre aux extrémités, et reflétaient des extrémités au centre.

Pour culbuter les parlemens, il fallut recourir aux anciennes chartes de la monarchie. Calonne en exhuma la faculté de rassembler les notables; et à cette inutile représentation succéda une convocation d'états généraux.

Quelles sources fécondes souvrent à nos regards! que de documens pour la philosophie, pour l'histoire et pour l'humanité! Qui donc oserait entreprendre la peinture de ces élans généreux vers un meilleur ordre de choses? Qui oserait décrire cet imposant tableau que la France offrit à l'Europe attentive? Qui raconterait d'une manière assez digne, assez solemnelle, les vœux, les efforts, la fraternité, les secours mutuels, les étreintes affectueuses que semblait éprouver la nation toute entière au moment où les états généraux se déclarèrent assemblée nationale ?

Ici les évènemens se pressent, s'entassent; la pensée et les souvenirs les suivent difficilement.

Les ordres privilégiés sollicitent, mais trop tard, l'influence du despote. Le tiers-état trop long-temps humilié, composé de ce que la France avait d'hommes plus instruits, se montra ce qu'il devait être ; grand de sa population, fort de ses lumières, courageux de sa patience, riche de ses sacrifices. Il sut qu'il était l'état ; il le dit.

C'est alors que le courage public se manifesta d'une manière vraiement sublime, et c'est dans ce courage que Mirabeau puisa la réponse hardie qu'il fît au marquis de Brézé, qui venait apporter à l'assemblée l'ordre de se dissoudre . . . .

« Allez dire à votre maître, que réunis » ici par la volonté du Peuple, nous n'en » sortirons que par la puissance des bayon- » nettes ».

Cette Courageuse résistance à l'autorité despotique, prouvait assez que les représentans d'une grande nation proclameraient les droits du Peuple. Séance immortelle du jeu de paume, vous dont l'éclat n'a pu dérober aux assassins la tête du vertueux Bailly, vous prouvâtes encore mieux à quelles destinées la France se réservait.

Une fermentation universelle, une immense agitation suivent cette journée fameuse, ébranlent toutes les conceptions et préparent tous les efforts.

Depuis long-temps, quoiqu'en disent ses détracteurs, toutes les classes de la société, tous les individus, toutes les professions, chacun à sa manière, soupirait après un changement. Un luxe dévorateur arrachait chaque citoyen au toît domestique qui l'avait vu naître, à la profession de ses pères; chacun mécontent voulait une réforme; le comte voulait être duc, le secrétaire du roi achetait un marquisat, l'officier de fortune méprisait le colonel imberbe que donnait la faveur; l'avocat persiflait le conseiller, celui-ci voulait un mortier; le séminariste voulait une cure ou un évêché; enfin, un porte-faix faisait son fils conseiller du roi.

Cette instabillité, fille du luxe et de la vieillesse de l'empire, servait peut-être encore plus à la destruction de l'ordre antique que les efforts des écrivains et les dilapidations des traitans; mais bientôt tous les intérêts en opposition, se raccrochant l'un à l'autre, composèrent ce grand intérêt public dont sut profiter le génie national.

Au milieu de cette chaîne, une classe particulière, la classe intéressante des jeunes gens de tous les ordres, se pressa d'embrasser le systéme novateur; vivant toujours d'espérance, parcequ'ils n'en ont point encore été déchus, et le court espace qu'ils ont vécu ne leur paraissant rien, tandis que l'avenir, toujours trop long pour eux, transparaît à peine dans le présent, les jeunes gens devaient s'élancer dans la carrière de la liberté.

C'est dans cette disposition des esprits que le despotisme voulut enchaîner la puissance nationale. Les Représentans du peuple sont menacés : un génie créateur conçoit le hardi projet d'une peur universelle. Au même instant elle circule sur toute la France; au même instant elle pousse un long cri : aux armes! aux armes! Ce cri retentit à la fois sur tous les échos de l'empire ; et tous les échos de l'empire repètent : la liberté!..... Le sol français se couvre aussi-tôt d'autant de soldats qu'il y a de citoyens ; aussi-tôt, les hommes, les palais, les chaumières, les rues, les places publiques, tout est hérissé des armes du désespoir.

C'est alors qu'il fallut porter la terreur à Versailles, colérer le peuple, multiplier les moyens de force. Alors on incendia les barrières pour laisser croire à la diminution des impôts ; mais les agens de ce terrible moyen n'inspirèrent pas long-temps la crainte d'avoir à déplorer de trop douloureux succès; le peuple se hâta de ratacher les chaînons de l'ordre social. Armé pour conquérir ses droits et non pour désoler la génération , il voulut que les personnes fussent respectées.

Cependant, au 14 juillet, la nation qui avait juré sur ses armes qu'elle serait libre , contemple avec effroi ces tours sourcilleuses destinées autrefois à protéger Paris , et depuis employées à servir les vengeances. Le peuple entend les cris , compte les gémissemens des victimes que ce vaste tombeau dévore depuis des siècles. Il redoute avec raison que le despotisme voulant l'asservir , ne tourne contre lui les canons qui couvrent ses plates-formes. Et le paisible citadin , qui , n'a guere , courbait son front humilié devant l'eclat d'un trône, arme ses mains , devient guerrier , affronte la mort, puni la trahison d'un lâche gouverneur qui ne sait ni combattre ni périr; et parvenu aux insolentes sommités de cette formidable Bastille, le peuple s'écrie : la Bastille n'est plus ! la Bastille tombe !.... et ses immenses débris , couverts des pleurs de l'innocence rendues à la lumière et à la liberté , attestent encore aujourd'hui le courage de ses vainqueurs.

C'est en vain que la jalousie , les haines, les vociférations ont voulu ternir l'éclat de cette journée mémorable ; c'est en vain que pour la rendre odieuse à la postérité, des hommes qui n'ont été connus que par des crimes, ont voulu usurper le titre glorieux de patriotes de 1789; la vérité demeurera plutôt que les fausses réputations d'un jour.

Ainsi, tout marche en révolution. Il fallait avilir cette journée pour conspuer ses premiers auteurs. La nation vouait de la reconnaissance à ceux qui la servirent, qui obéirent à sa volonté ; il fallait les avilir, puis les rendre odieux, pour les sacrifier.

Mais vous ne serez jamais oubliés, courageux électeurs de Paris : les échafauds ont dévoré quelques-uns de vos compagnons; mais vos noms, vos vertus, les sacrifices de vos familles, de vos fortunes, de vos honorables professions, ne seront pas perdus pour l'avenir, et vivront dans les souvenirs de tous les véritables amans de la liberté.

Une grande solemnité, la fédération générale des Français a retracé vos exploits et vos services. Ce n'est pas sans une grande émotion qu'en ce moment nous pouvons nous en souvenir. (*) Eh bien, la nation victorieuse, libre, reconnaissante, tirera de l'oubli vos travaux généreux, et l'histoire consignera les titres glorieux dont vos fils s'honoreront devant leurs contemporains.

Mais ces beaux jours de la liberté vont s'obscurcir, cette assemblée nationale si respectée, si défendue, va devenir bientôt la proie de toutes les factions, le jouet de

____

(*) *Nota.* Quel est le français, qui, ami de son pays, ne se rappelerait pas avec intérêt, cette réunion imposante d'un peuple armé, venant à Paris de toutes les parties de l'empire ! Qu'il soit permis au magistrat citoyen, qui, par cette réunion faite par ses soins, a prouvé son impérturbable amour de la liberté et de l'ordre, de n'en parler jamais sans être vivement ému.

toutes les fausses espérances, de toutes les passions, et cette cour corruptrice et corrompue, l'instrument de sa propre ruine.

Encore attaché aux maîtres que le hazard lui avait donnés, le peuple français, généreux parce qu'il connaissait sa puissance; confiant, parce qu'il croyait à la vertu, déclare solemnellement Louis XVI chef suprême de la nation. Doté d'une liste civile immense, déclaré inviolable, investi d'une puissance qui n'a pour limites que la loi, environné des témoignages de l'attachement des Français, on l'a vu donner au peuple qui l'adoptait, à l'avenir qui le juge, l'exemple du parjure et de la plus profonde duplicité.

De la part de ceux qui gouvernent, toutes les vérités ne peuvent pas toutes être dites. Ce qui serait *dissimulation* de la part des *gouvernés*, n'est souvent que *prudence* ou *retenue* de la part des *gouvernans*; mais ici Louis XVI ne fut pas seulement dissimulé: le gouvernement constitutionnel lui déplaisait; les Jacobins, dont sa propre peur fit une puissance, les Jacobins l'abreuvaient de dégoûts; enfin il ne voulait pas devenir le premier sujet de la loi : il fallait alors qu'il n'entraînât pas par son exemple , par des démarches indignes du chef d'une grande nation , une immensité de citoyens qui crurent à sa bonne foi ; il fallait, ou qu'il descendît du trône , ou qu'il cherchât à le reconquérir : dans ce cas , s'il eut été vaincu , la postérité ne l'accuserait pas d'avoir *trahi ses sermens.*

On avait vu l'assemblée constituante poser les fondemens de la société publique , poursuivre tous les abus , proclamer tous les droits, soumettre aux mêmes loix , à un régime universel les diverses parties de l'empire ; mais soit corruption , soit impuissance , soit insuffisance de moyens, tous les ressorts de ce gouvernement mixte , environné de troubles religieux , de dissentions civiles , de soldats indisciplinés , de ministres sans moyens , se brisèrent dans les mains de leurs créateurs.

Ils avaient bien vu que le pouvoir monarchique était vicié par deux causes ; les bases étaient entourées de préjugés, et les limites n'étaient marquées que par des résistances partielles; mais en se livrant aux écarts de l'opinion , favorisant l'insolence de la multitude , fortifiant sans proportion ce qui tend à s'accroître , affaiblissant ce qui tend naturellement à s'effacer , ils arrivèrent à ce résultat : *un roi sans aucune autorité, un peuple sans aucun frein.*

Sans cesse hésitant entre les principes qu'une fausse pudeur les empêchait de modifier, et les circonstances qui leur arrachaient des exceptions, les constituans firent alors très-peu pour l'utilité publique, et trop selon leur doctrine. « Souvent inconsé-
» quens, et toujours impolitiques, (leur
» écrivait le célèbre auteur de l'histoire phi-
» losophique des deux mondes), au mo-
» ment où vous vous efforcez de n'être ni
» l'un ni l'autre, c'est ainsi que par votre
» décision sur les gens de couleur, vous
» n'en avez pas moins allarmé le commerce
» et exposé vos colonies ».

Cependant, la cour qui ne voulait pas du gouvernement constitutionnel, de cette ombre de gouvernement constamment nul, et le jouet des factions, appelaient d'autres rois pour venger son injure. Deux correspondances occupaient ses loisirs et ses pensées ; l'une secrète, l'autre ostensible ; la première appelait le ressentiment des puissances, encourageait l'émigration ; l'autre excitait à la sécurité ; et c'est après une démarche éclatante, inopinée, que protestant

contre

contre son oppression , Louis XVI descend
du trône et fuit, disait-il, un royaume dé-
chiré par les dissentions.

Pourquoi dès ce moment les conceptions
hardies qui devaient fonder un gouvernement
républicain ne se sont-elles pas toutes ralliées ?
Mais peu accoutumé encore à ce qui parais-
sait n'être que la chimère des hommes vertueux , on n'osait pas penser qu'une nation
si populeuse pût être régie par un gouvernement républicain , et l'assemblée constituante
crut devoir rasseoir encore un monarque
irrésolu sur un trône chancelant.

Autour de ce trône s'entassèrent bientôt
les coupables espérances , les perfides com-
binaisons , le besoin de la vengeance et la
dissimulation et l'intrigue.

Mais aussi loin de lui, d'un côté , l'expérience , la philosophie , la défiance , la crainte
du pouvoir absolu , broyaient leurs terribles
couleurs ; de l'autre , les factions, l'avarice,
l'intérêt , toutes les passions forgeaient
leurs perfides armes ; et la Nation , dans l'at-
tente de quelques grands événemens, sentait
renaître ses craintes et son courroux.

La puissance exécutive et les lois consti-

tutionnelles , confiées à la garde d'un monarque fugitif , devaient effrayer quiconque sait
quelle tendance le pouvoir a toujours vers la
vengeance et l'usurpation. Quoi qu'il en soit,
on voulut faire marcher la constitution , et ses
auteurs vieillis , usés , inquiets, en laissèrent
le soin au corps législatif qui succéda.

Faible et souvent nul , dira l'histoire , ce n'a
été que par une force d'inertie que le corps
législatif a laissé se préparer le gouvernement
républicain. Il n'a eu de puissance que celle
d'obéir à des circonstances plus fortes que
lui ; et c'est par-là , disait Cambon dans un
de ses rapports, qu'il a des droits à la reconnaissance publique.

En effet, qui ne se souvient pas que lors
de sa première séance , cette constitution que
nous brûlons aujourd'hui , fut portée comme
une arche d'alliance par vingt-quatre vieillards et vingt-quatre jeunes gens du corps
législatif , et déposée avec respect et solemnité sur le banc du président. Que ces mêmes
hommes qui ont fondé la république ,
n'ont pu empêcher l'égorgement des députés
qui, avec eux transfusés dans la Convention,
avaient voué à l'exécration des siècles
ceux d'entre eux qui proposeroient ou la
république , ou les deux chambres.

Jugeons des choses ; jouissons des résultats ; et s'ils sont heureux, ne courrons pas après la vaine gloire d'examiner toutes les causes. Le chapitre des contradictions n'est nécessaire qu'à l'oisiveté ou à l'expérience des nations.

Au milieu de la tourmente générale et du bouillonnement de toutes les passions, à l'abri de ce corps législatif, qui ne connaissait pas encore toutes les hautes destinées auxquelles il était appelé, les partis, les factions se formèrent, et toutes les prétentions de l'étranger n'eurent plus de terme. En s'efforçant de prouver qu'il fallait détruire la monarchie, à la place de Louis XVI dont on préparait la chûte, chaque faction mettait en avant un chef de sa façon ; cela prouvait qu'on ne voulait qu'un changement de dynastie et nullement la république. Tel qui prétend avoir été républicain toute sa vie, eût courbé sa tête devant d'Orléans ; tel à qui les halles prodiguèrent le nom de vertueux eût bien desiré la régence ; Carra aimait le duc d'Yorck ; Sillery admirait le roi de Prusse. Il n'y eut pas jusqu'au capucin Chabot qui n'eut appétit de la royauté. (*)

____

(*) *Nota*. Ce capucin qui, on ne sait pourquoi ni comment, avait présidé l'Assemblée nationale, s'empoisonne au

Il paraît plus que probable que Philippe d'exécrable mémoire, n'avait d'abord aspiré qu'à se venger des froideurs, des insultes et de ses querelles domestiques avec ses cousins; que son exil au Rincy, qu'il ne pardonna jamais à la Reine, fut la cause première de son prétendu dévouement aux intérêts du peuple. Depuis, les factieux qui l'entouraient, qui épuisaient ses trésors, se servirent de lui comme d'un marche-pied vers la tyrannie ; et derrière les plus violens désorganisateurs qui lui firent naître le desir de regner, honte de sa caste et des générations futures, il fut sacrifié par ceux-là-même qui flattaient ses esperances. Hélas ! qui voudrait parler

---

Luxembourg avec du *sublimé corrosif* dont il faisait, par régime, un usage modéré; mais il prit du contre-poison. Il avait épousé une *Étrangère* qui lui avait apporté 2co mille francs en mariage ; mariage à la célébration duquel il avait invité le club des Jacolins. Combien de ces mariages maladroits ont récouvert les brigandages de certains exclusifs ! quoiqu'il en soit, comme il était trop initié et trop fête, Robespierre lui fit couper la tête, ainsi qu'au comédien, Fabre d'Églantine, l'auteur du calendrier républicain. Danton, Lacroix, Héraut de Sechelles étaient de ce voyage.

Quelques jours auparavant, Robespierre avait envoyé Phelippeau, l'intéressant Phelippeau, à la mort, parce qu'il avait dit quelques vérités sur la guerre de la Vendée ; et Camille des Moulins parce qu'il avait eu le courage de dire au tyran quelques vérités dures, entr'autres celle-ci : *Guillotiner n'est pas répondre.*

comme l'avenir , étonnerait bien le présent ?

Tandis que tant d'intérêts opposés préparaient ainsi , chacun à sa manière , la chûte du trône , entourée des plus lâches proxénètes , d'hommes perdus , alternant d'une position à l'autre , luttant contre la fermentation universelle , abbreuvée , rassasiée d'injures, de cris, la cour voulut encore faire croire qu'elle épousait la constitution. La journée du 20 juin avait préparé les esprits ; les Marseillois étaient arrivés , il n'était plus temps.

Chacun fit ses préparatifs. Les Suisses s'entassèrent dans les cours ; tous les partis réunis s'entassèrent devant les portiques ; et sur les débris fumans des tuilleries , furent jetés, au 10 août, les premiers fondemens de la république.

Qu'ils disent donc, ceux qui penseraient encore que ce fut un crime de changer le gouvernement; qu'ils disent, quelle confiance pouvait inspirer celui qu'on cherchait à détruire dans les mains de Louis XVI ? quels titres aurait eu à leur prédilection , à leur confiance, ce monarque pusillanime, qui n'a pas même le courage de mourir en combattant, et qui fuit au sénat pendant que les siens sont égorgés sous les fenêtres de son palais !

Sur les débris du trône antique qui venait d'être brisé, devait se rétablir le trône sanglant de l'anarchie ; mais telle est aujourd'hui l'impulsion nationale ; que le peuple Français, s'il s'affaisse quelque temps sous le poids de ses revers, de ses privations, ou de ses succès, ne se laissera plus asservir ; et les souvenirs que rappelleront cette seconde solemnité du 10 août, ceux que rappelle le 9 thermidor, lui imposeront toujours l'obligation de conserver le patrimoine des hommes vertueux ; la Liberté.

C'est avec douleur, avec une vive émotion, que le bon citoyen, l'honnête homme soulève un coin du crêpe sanglant qui couvre les scènes antérieures au 9 thermidor. Il lui faut du courage pour rouvrir des blessures mal fermées ; mais l'engourdissement, mais la torpeur semblent en recouvrant nos cicatrices, s'emparer des esprits, et faire oublier les dangers qu'a courus la République.

Quelle serait condamnable, quelle serait coupable, l'insouciance de ceux que le hazard ou leur bassesse a protegé contre .

les fureurs décemvirales ! Qui donc pourrait ignorer que le cours des assassinats juridiques ne faisait que commencer ? que le système dépopulateur, tout atrocement ridicule qu'il parût, ne devait pas s'arrêter si tôt, et que sans la journée du 9 thermidor, vos portiques, vos rues étaient inondées de votre sang, et la République tyrannisée sous la domination d'un seul ?

Certes, quand le saltimbanque Barrère (*) s'écriait à la tribune avec la plus révoltante impudeur : *dans la décade dernière on a beaucoup guillotiné ; on a battu monnaie dans la place de la Révolution, et dans la décade dernière, vous avez remporté beaucoup de victoires*, il y a tout lieu de croire que quelques succès de plus et la place de la Révolution eût été jonchée d'ossemens.

____

(*) *Nota.* M. Barrère de vieusac, très-constitutionnel en 17,0, se moquant de tous les partis, atrocement plaisant pendant son décemvirat, pariait avec ses amis que dans une même séance de la Convention, il ferait applaudir par ses collègues le *pour* et le *contre* ; il appelait cela faire une carmagnole ; et à *Bagatelle* il allait s'égayer sur les mensonges atroces qu'il débitait à la tribune, en méditer de nouveaux, et se jouait ainsi de l'honneur de ses collègues, de la vie des citoyens et des destinées de l'empire. Il trouva très-plaisant, en cherchant de quel crime on pourrait accuser les fermiers généraux, de les faire guillotiner pour avoir mis de *l'eau dans du tabac*.!!! Quelques crédules pensent que ce scélérat n'a pas perdu l'espérance de recommencer ses carmagnoles.

Certainement alors le vaste tombeau de la France se fut encombré, rempli de vos cadavres, puisqu'il ne s'agissait rien moins que de décimer la population.

Mais ne marchons pas plus vîte que les évènemens, sondons la profondeur de l'horrible plaie qui rongeait le corps de l'État, et que la vérité trace encore quelques lignes pour l'histoire.

Pour asservir la nation, substituer impunément une tyrannie à une autre tyrannie, il fallut bien employer les ressources déjà mises en usage avec trop de succès; il fallait démoraliser la nation, la précipiter au sein de l'anarchie la plus complette, avilir les autorités, *ce qui est ordinairement la tactique et l'alure habituelle des factieux;* épouvanter par des crimes auxquels malgré le peuple, et sous son nom, on associait la République; partager les dépouilles du trône et du garde-meuble, entre ceux qui devaient évangéliser la nouvelle doctrine révolutionnaire; porter l'indiscipline à son comble; rompre, brouiller, confondre tous les anneaux de l'ordre social; rendre le Gouvernement républicain odieux à tous les peuples, à toutes les nations; tels étaient les atroces moyens dont il falut se servir , tels sont ceux dont on s'est servi.

Pour subjuguer la Convention nationale , il fallait consolider la puissance monstrueuse des clubs. Le foyer du volcan , le premier levier de l'opinion , se formèrent dans la société des Jacobins ; société célèbre par son influence ; société dangereuse quand elle se laissa dominer , ou par la mauvaise foi ou par l'ignorance , et qui le fut encore plus par les circonstances que par ses tyrans. Un autre moyen , un levier non moins puissant employé contre la Représentation nationale , c'était ce ramas impur appelé commune de Paris ; cachés , inconnus au 14 juillet , quand les amis de la liberté étaient sur la brèche, ces hommes étrangers laplupart à la France comme à Paris, seulement célèbres par les journées des 2 et 3 septembre, vinrent établir leur puissance secondaire dans les murs de Paris. Ils envoyaient des ambassadeurs dans les cours , dans les villes, dans les armées ; dictaient des loix à vos représentans, et ce qui reste de cette tourbe impure , guette encore aujourd'hui l'occasion de reconquerir sa puissance. Certainement la postérité ne se souviendra pas des instrumens empoisonnés dont les dominateurs se sont servis ; mais la génération présente est fondée à craindre leurs blessures.

La nullité exécutive, sous le nom de gouvernement provisoire, était subordonnée aussi à cette commune conspiratrice ; c'est ainsi que sous la ligue, quelques bouchers firent trembler le Gouvernement ; c'est ainsi qu'à Londres les porte-faix, au moment des élections, sont pendant ce moment au-dessus des loix ; mais ce sommeil de toutes les convenances sociales, cette absence de tous les principes, n'ont heureusement qu'une courte durée. Que n'en pouvons-nous dire autant des malheurs enfantés par la fureur révolutionnaire !

Comme Lafayette, comme Dumouriez, comme tant d'autres qui avaient desiré les évènemens qu'ils avaient fait naître, et qui crurent en arrêter le cours au gré de leurs opinions, Roland voulut balancer et arrêter la puissance qui l'avait fait ministre ; Roland avec du courage, fut entraîné par le torrent.

Pétion qui dit-on avait du goût pour la régence, et pour qui Manuel demandait un Palais, Pétion disparut.

S'agitant au milieu des paradoxes et de

la nullité , sans talens , sans vertus , sans
caractère ; avec des idées crues , sargui-
naires , atroces ; présomptueux et vain à
l'excès ; ayant pour guide son caprice ,
pour moralité l'hypocrisie , pour jouissance
la célébrité ; un véritable chat-tigre , se re-
pliant devant sa proie à la première feuille
vacillante , pour , se relançant avec plus
de fureur , la déchirer plus impitoyablement ,
Robespierre enfin , puisqu'il faut le nom-
mer ; Robespierre parut , s'emparant de la
puissance : il voulut la conserver et la conserva
trop long-temps. Quelque part on a comparé
ce monstre à Cromwel , à Sylla : l'hypocrisie
du premier , et la férocité du dernier ;
voilà tout ce qu'il eut de leur grand caractère.

« Un homme s'est rencontré d'une pro-
» fondeur d'esprit incroyable , dit Bossuet ,
» dans son oraison funèbre de la reine
» d'Angleterre , hypocrite rafiné autant
» qu'habile politique ; capable de tout en-
» treprendre et de tout cacher , également
» actif et infatigable dans la guerre , qui
» ne laissait rien à la fortune de ce qu'il
» pouvoit lui oter par conseil et par pré-
» voyance ; mais au reste , si vigilant , si
» prêt à tout , qu'il n'a jamais manqué les

» occasions qu'elle lui a présentées ; enfin,
» un de ces esprits remuans et audacieux
» qui semblent être nés pour changer le
» monde ».

A ce portrait de Cromwel dessiné par un grand maître, reconnaîtrez-vous, Citoyens, le plat tribun qu'on lui a comparé?

Avec le surnom d'incorruptible que lui décernaient ses affidés, avec les grands mots de bonheur du peuple, avec un galimathias inexplicable, avec l'adresse de ne rien accepter qui l'éloignait du foyer des agitations ; sobre et froid, il vit bientôt loin de lui les faiseurs, les ambitieux. Danton, le colossal Danton, trop ami de ses plaisirs, seul rival qu'il eût à craindre, abandonnant d'Orléans, (*) devint un instant le marche-pied de sa puissance. Mirabeau et la Fayette, dit-on, avaient combiné la fameuse nuit de la peur ; Robespierre et Danton combinèrent le regne

____

(*) Avant d'être orateur des caffés, des jacobins, administrateur du département de Paris, substitut du Procureur de la Commune, législateur-député de Paris, puis chancelier de france ; Danton président du district des cordeliers tant préconisé par Marat, avait voté, pour que d'Orléans fut nommé commandant général de la cavalerie : tandis que la garde à pied eut été confiée à la Fayette qui n'était pas l'ami de d'Orléans, et à la popularité duquel on n'osait pas encore porter atteinte.

affreux de la terreur, qui devait les dévorer.

Cependant quelques talens fameux retardaient les progrès de la tyrannie ; un comité de décemvirs était bien formé et en pleine activité ; mais Vergniaux, l'éloquent Vergniaux ; mais Gensonné, mais Guadet, mais ces vingt-un députés courageux, qui osèrent dénoncer les attentats de la commune conspiratrice, il fallait les assassiner ; ils le furent. C'est pour les punir de leur courage que les sectaires du tyran imaginèrent l'horrible journée du 31 mai, journée qui vit naître tant de proscriptions et tant de nouveaux patriotes, qui jusques-là observaient prudemment le moment favorable d'une désorganisation complette. Après de pareils attentats, il ne restait plus à la Nation qu'à recevoir des fers ; et dans ce degré d'avillissement il était facile de se débarrasser de quiconque osait élever la voix.

Marat, l'une des trompettes sanglantes de l'anarchie ; Marat, dont les atroces rêveries n'inspiraient d'abord que la pitié, vit, à son étonnement peut-être, changer ces mêmes rêveries en d'horribles réalités. Il n'avait demandé que cent mille têtes, il en demanda trois cents mille ; et les patriotes de nouvelle trempe , et les Français du 18.me siècle s'écriaient avec transport : trois cents mille têtes doivent tomber pour le bonheur du monde !

Alors , à la honte éternelle de ses coupables auteurs , on vit sortir cette infâme loi qui , armant les passions , les vengeances , les haines et l'avarice , désigna comme suspecte la majorité des citoyens. Bientôt s'organisèrent les comités révolutionnaires. Chaque ville , chaque bourgade vit naître un tyran , un dénonciateur , un ennemi.

La postérité qui ne ressentira plus les maux affreux dont nous souffrons encore, qui n'aura pas nos injures domestiques à venger , qui jugera sans passion et sans haine, en parlant de cette féroce conception de la terreur, et de comités révolutionnaires, et de réquisitions, et de *maximum*, dira peut être : sans être neuve , toute atroce qu'elle a dû être , cette singulière invention , elle était pourtant forte , calculée en temps utile , a produit des résultats à ceux qui comptaient les hommes pour peu de chose , et prouve une audace dont il est heureux que les siècles soient avares.

Il est certain qu'on ne reconnaît pas à cette

tournure d'esprit les hommes usés qui devi-
saient gravement sur les futilités dont les
journaux étaient remplis. (*)

Mais nous Citoyens, nous qui les avons
vus ces décemvirs, ces comités, ces échafauds; nous à qui si souvent on disait: *si
ce n'est pas toi, c'est donc ta mère ?* Combien
nous avons de peine à arranger dans nos
têtes les idées de *bien* et de *mal*, et sur-tout
l'utile oubli des injustices ! Là, l'ivrognerie ;
ici, l'incapacité; plus loin, l'aberation de
tous les principes; par-tout, la plus profonde
ignorance et une éternelle parlasserie. Voilà
à quels événemens, à quels hommes la France
était livrée.

Aucun signe de la féodalité ne devait
subsister: on brûlait le château qui avait des
girouettes. Les fleurs de lis devaient disparaître, on abattait les murs; les attributs
de la royauté devaient être effacés : on des-
honnorait les monumens et les chefs-d'œuvres

(*) Quatre ans auparavant tout Paris s'occupait des querelles domestiques entre mademoiselle Sainval et madame Vestris;
une chanson occupait les cercles. Mesmer et Bergasse, et les
sabots élastiques, et la harpie faisoient la matière de tous les
entretiens. Quelle différence entre les français de 1787 et
les français de 1793 !

des arts roulaient dans la boue. La politese
et l'urbanité n'étaient que de l'aristocratie. On
insultait à l'homme honnête autant par la
forme du langage que par les sales expres-
sions qu'on inventait. La pudeur était proscrite comme fille du fanatisme et le deshon-
neur d'une jeune fille avait sa récompense.
Le divorce était permis : un accès d'humeur
enlevait aux enfans leurs pères, leur soutien.

Si vous parliez, on vous incarcerait ; votre
silence méritait les fers : riches ; vous aviez
trop d'éffigies du tyran, on vous emprison-
nait : pauvres ; suspects : savant ; très-dan-
gereux suspect : ennemi de l'anarchie ; plus-
que suspect : modéré ; très-suspect : patriote
de tous les tems ; excessivement suspect : ni
âge, ni talens, ni séxes, ni vertus, ni services
n'étaient à l'abri des griffes des vautours ;
par milliers on engouffrait ces suspects dans
les antichambres de la mort.

Serait-il donc possible que ce soit-là ce
que redemandent encore les vertueux par-
tisans de la constitution de 1793? Oh ! s'il
est possible que de pareils vœux soient encore
publiquement formés ; gouvernement, toi
qui nous parles si souvent de justice et d'humanité, surveille ; mets les factieux dans

l'impuissance

l'impuissance de nuire; hâtes-toi de nous
apporter la paix; et, si tu le peux, fais
cesser l'état douloureux dont, malgrés tes
efforts sans doute, nous sommes encore
accablés.

Faut-il, abandonnant les incalculables ré-
flexions qui naissent, continuer le tableau?
Oui; le 9 thermidor nous impose ce devoir.
Suivons-les donc, ces victimes malheureuses
dans les gouffres profonds où les plonge la
tyrannie.

Paris n'enserre point assez de prisons; les
palais sont transformés en cachots, où chaque jour voit entrer cent pères de famille
qui n'en doivent sortir que pour entrer dans
la nuit éternelle.

Les décemvirs veulent du sang: ils trans-
mettent ce besoin affreux à tous leurs amis.
Chaque soir, les journaux annoncent que
50, 60 citoyens sont tombés sous le fer des
assassins; on lit cette effroyable nomencla-
ture dans chaque société populaire, et c'est
aux cris dè vive la République qu'on applau-
dit à la destruction du genre humain !

Il ne suffit pas d'arracher à leurs familles,
dont ils sont les soutiens, à la chose pu-

blique qu'ils servent , à la Patrie qui les ré-
clame , à l'estime qui les environne, ces hommes destinés à assouvir la vengeance dicta-
toriale ; il faut que leur supplice commence
avec la perte de leur liberté. Si la nature
affaissée , dissent les tyrans, repose doulou-
reusement sur un lit que dispute la vermine ;
que des guichetiers armés de sabre, escortés
de chiens, entrent alors avec fracas ; qu'ils
signalent, qu'ils comptent les victimes ; dans
l'horreur des nuits sépulcrales que ces cris
rétentissent plusieurs fois sous les voûtes
profondes.......Chacun saura qu'à ce cri
sinistre plusieurs malheuréux succéderont à
ceux que la veille a dévorés. Ainsi se passe-
ront les nuits.

Le jour , que toute communication soit
interdite ; que la femme meurt ans les
bras de son époux agonisant ; que le vinaigre
soit refusé aux malades ; qu'une nourriture
pestilentielle soit le seul aliment ; que le
moindre regard sur les geoliers soit une
désobéissance ; que les pleurs des prisonniers
en se confondant, enfantent une conspiration ;
et que pour seul délassement, les Cerbères
aboyent aux guichets les noms de ceux qui
viennent de périr. (*)

____

(*) Dans les prisons de Paris , pendant les premiers mois
de la terreur , il était permis aux prisonniers de correspon-

Voilà ce qu'à voulu la tyrannie et ces exclusifs qui demandent encore du sang ; voilà ce qui s'est exécuté. Ce que nous taisons est encore plus affreux.

Martirs de la vertu, de l'honneur de la liberté, mânes chèrs et sacrés des citoyens français, troupe innombrable de pères, de mères, d'amis égorgés, jeunes enfans espérance de la patrie, tendres beautés, levez-vous ! levez-vous ! Mêlez, s'il se peut, les leçons terribles de la vérité qui s'assied sur les tombeaux, à nos accens courageux !

---

dre par écrit avec leurs familles, et d'en tirer les secours que l'humanité reclamait : ces secours, cette correspondance quoique lue, adoucissaient trop les misères ; bientôt toute communication fut interdite. L'intention était de révolter les prisonniers à force de cruauté, et de trouver dans leurs révoltes l'ocasion de les mitraillier ! ce qui eût été plus promt que la guillotine. L'ordre est donné de dépouiller les prisonniers ; on leur prend leur argent, leurs bijoux, leurs rasoirs, leurs canifs, leurs crayons et leurs fourchettes. Sur l'observation d'un prisonier, que sans couteau et sans fourchettes, il était impossible de manger : « Mets-toi avec un de « tes complices après le même morceau, lui répondit le ver- « tueux magistrat qui présidait au dépouillement, et le plus « fort l'emportera ».

Le lendemain de cette expédition un autre de ces messieurs, cordonnier de son métier, autrichien de nation, le même qui depuis arracha Robespierre à la prison, et qui paya de sa tête cette audace, vint visiter ou devaliser les prisonniers ; l'un d'eux reconnut aux pieds du sultan les boucles qui lui avaient été enlevées ; ah ! citoyen, lui dit-il, *hérite-t-on si-tôt de ceux qu' assassine ?*

C ~

Racontez-nous comment le Peuple français put arriver à ce dégré de stupeur que son sang coulait à grand flots sans qu'il osât l'étancher ? comment sur les ossemens des plus courageux défenseurs de la liberté, la tyrannie put s'établir ? racontez-nous vos angoisses mortelles, vos douleurs, les horribles frissonnemens de vos membres arrosés du sang de vos familles, tandis que vous étiez aux pieds d'un échafaud qui rassemblait en un seul jour, les parens, les amis, les étrangers étonnés sans s'être jamais vus, d'être condamnés par un seul et même jugement ?

Je vous salue, victimes trop chères, vous dont les derniers embrassemens ébranlent encore tout mon être ! Vous! ô vous! le plus digne, le plus juste, le plus vertueux magistrat du peuple, infortuné Bailly! vous Thouret, vous mes chèrs émules, mes dignes compagnons, Deyeux, Tassin, Lavoisier, Vergennes, Roucher, Duport - Duttrere, vous, les trois générations des Corberons, vous, antiques magistrats, Molé, Sarron, Malherbes, Nicolay! vous, respectables vieillards dont le crime était d'avoir servi l'état sous des maîtres! vous, austères cénobites qui différant d'opinions politiques, n'en obéissiez pas moins aux loix ! vous, pontifes dont la vie toute entière puisée dans la plus saine morale, faisait oublier qu'il existait de mauvais ministres ! vous tous, dont les services nombreux ont été payés du supplice le plus atroce, je vous salue ; la France libre, acquitte aujourd'hui sa dette : Puisse-t-elle l'acquitter encore mieux devant les nations et la postérité !

Mais, silencieuses dans le sein de l'Éternel où elles reposent avec la paix, vos ombres heureuses contemplent ici bas vos amis, et les plaignent d'être encore la proie de l'erreur, du mensonge et de l'intrigue.

Le dégout de la vie, le sentiment de son innocence, le silence absolu des passions, élevaient le courage des victimes de la tyrannie. Nous ne parlons encore qu'avec admiration de l'intrépidité avec laquelle elles voyaient arriver l'heure de leur supplice ; mais le joug humiliant de l'incarcération, était cent fois plus insuportable, parce que chaque jour, chaque moment, amenaient une nouvelle douleur, une nouvelle agonie.

Que faisiez-vous cependant, vous, leurs parens, leurs amis ? ah ! que cette question vous embarrasserait à résoudre ! . . . . la nature entière était muette pour les

malheureux ; que dis-je ? oh non , non !
les hommes, ces hommes si honnêtes , si
courageux , qui pour n'avoir pas l'embarras
de la pitié trouvent plus simple de blâmer
un courage qu'ils n'ont pas eu , une vertu
trop austère ; qui , ne sachant souffrir que
de leurs propres misères , et s'en occupaut
exclusivement, savent si bien blâmer et si
peu servir , que faisaient-ils alors ? Eh !
dans ce temps , comme probablement ils le
feraient encore aujourd'hui, ils se dérobaient
à l'embarras de l'amitié et de l'intérêt dont
ils devaient les témoignages à l'infortnne ;
mais les femmes , mais ces compagnes si
courageuses de nos douleurs , mais les femmes , ces anges consolateurs environnaient
les prisons, affrontaient les sales embrassemens des guichetiers, les infâmes plaisan-
teries des grossiers satellites de la tyrannie.
Le jour, la nuit, à toute heure , leurs tendres sollicitudes adoucissaient nos misères ; il
suffisait d'être malheureux pour avoir droit
à leur compassion. Ah ! si elles eussent pu
essuyer nos larmes, qu'elles eussent été bicn
moins amères ! L'épouse, la fille, la sœur, ne
pouvaient faire entendre leurs accens ; mais
leurs soins, quelques mots cachés, trompant
la vigilance des guichetiers , versaient au

moins dans nos ames le courage , et les consolations de la vertu. (*)

Abandonné , oublié , destiné à la mort, quelle autre ressource restait-il à l'infortuné que sa conscience et les leçons de la philosophie ! heureuse l'âme assez élevée pour que ses dogmes soient suffisans ! mais qu'ils étaient à plaindre , ceux qui craignant la destruction totale de leur être , ne voyaient dans l'éternité que le néant, et dans la génération que des bourreaux et des in-grats !

Qu'heureux au contraire était l'honnête homme qui , croyant à l'immortalité de l'ame, se persuadait qu'un Dieu rénumérateur veillait sur ses destinées ; heureux encore celui-là qui , séparant la morale sublime de l'évangile de la conduite de ces ministres pervers qui ont déshonoré le sacerdoce catholique, et qui extrêmes en tout , se sont montrés à la fois , et hypocrites et apostats et sanguinaires, croyaient à la justice de la providence.

___

[*] Gattey , libraire au Palais royal , est condamné à la mort : sa sœur entend ce jugement inique ; oh ! les scélérats , s'écrie-t-elle , je veux mourir avec lui ! Les bouchers satisfont son desir , la font amener, la condamnent sur-le-champ , et le même échafaud reçoit le sang des deux victimes.

Ah ! si tous les hommes étaient mûrs pour toutes les vérités, si c'était ici le lieu d'examiner si jamais un peuple est heureux quand il est sans mœurs et sans culte, quels tableaux seraient tracés, et avec quel plaisir nous verrions disparaître de nos solemnités civiques, le froid caractère qui les entache !

A Dieu ne plaise que nous revoyions le fanatisme armer ses mains des torches dont il a incendié les consciences et les empires ! à Dieu ne plaise que les prêtres formant un ordre particulier dans l'État, ramènent avec les seuls documens puisés dans l'intérêt particulier, l'esprit de vertige ou de désobéissance aux loix ! C'est à un Gouvernement sage, c'est à la législation d'un grand peuple, qu'il appartient d'assigner aux dogmes religieux la place et l'influence qu'ils doivent occuper dans l'ordre social.

Robespierre lui-même, parut sentir que les opinions religieuses devaient avoir une sorte d'émission ; il arrêta le scandale du dépouillement des églises. On ne sait en vérité, si l'on doit gémir ou être révolté de la ridicule impiété avec laquelle ce tyran fit décréter l'immortalité de l'âme, et du sang froid avec lequel il envoya sur le même échafaud, et Gobet, le pontife de la métropole, qui vint à la barre avouer que pendant vingt années de pontificat, il avait trompé le peuple, (exemple qui depuis fut suivi par tous les prêtres, qui troquerent leur étole contre un bonnet rouge) et Chaumette, le grand prêtre de la raison. (*)

Arrêtant le cours de tant de cruautés et de crimes, le ciel ne voulut pas que l'empire s'écroulât : Robespierre, arrivé au comble de la gloire et de la puissance, voulut affermir l'une et l'autre ; il crut qu'il importait à leur durée de les sceller du sang de ceux des membres de la Convention, qui cherchaient à secouer son joug ; mais l'heure était venue où le tyran devait être détrôné ; fatigués de la terreur qui planait sur le sénat, comme sur les chaumières, las de leur oppression, les re-

____

[*] Une chose digne de remarque, et faite pour grossir le chapitre des contradictions, c'est que les révolutionnaires les plus déchaînés contre le fanatisme et contre les prêtres, associaient pourtant à leurs travaux, et moines défroqués, et curés, et vicaires ; pas une société populaire, presque pas un comité révolutionnaire, pas une administration, pas un comité, où il n'y eût un de ces hommes contre lesquels la vérité et la passion se déchaînaient tour-à-tour. Cela prouve seulement que dans cette classe proscrite, il y avait beaucoup de philosophes et d'adeptes pour qui le déshonneur n'est qu'un mot de convention.

présentans du peuple se ressouvinrent qu'ils n'étaient point envoyés pour consolider son avilissement ; on avait amassé dans le silence les preuves de la conspiration décemvirale ; on commençait à trembler pour ceux-là-même dont la coupable condescendance attestait l'effroi ; le tyran est terrassé : le tocsin tinté par intervalle annonce la résistance de la commune conspiratrice, qui venait d'arracher à la prison le Tribun désarmé. Les canons sont tournés cotre la Représentation nationale ; égarées pendant 18 mois, les sections de Paris se rappellent pourtant qu'elles sont une fraction du peuple , et que le dépôt de nos représentans est confié à leur patriotisme. Les clameurs du frère de Robespierre, les efforts de Henriot, ne peuvent empêcher le respect public de se manifester.

La victoire reste quelque tems indécise ; alors les représentans eux-mêmes paraissent ; leurs bras sont armés pour écraser le tyran. Les bouchers révolutionnaires, qui croyaient se livrer encore à l'horrible plaisir de répandre par torrent le sang des citoyens, sont arrêtés ; ils s'entretuent, (*) et les décemvirs eux-

---

[*] A la maison commune, Henriot jette par la fenétre Cofinhal, l'un des couperets de Robespierre, qui cher chait à se cacher.

mêmes portent leur tête odieuse sur l'échafaud où palpitent encore leurs malheureuses
victimes.

Ainsi périrent ces grands criminels, ces
coupables artisans de nos malheurs, de nos
dissensions et de nos haines. Ainsi fut encore
une fois sauvée la République. Ainsi fut
remporté une victoire éclatante, digne à
tout jamais de l'admiration et de la recon-
naisance de la Nation.

Laisons retombrer le voile funèbre trop
long-temps soulevé. . . . . . . Pensons à
nos malheurs pour nous rallier autour
d'une constitution qui doit en empêcher le
retour. Sans doute le 9 thermidor est une
solemnité bien imposante, et qui rappelle
de grands dangers et de grands titres à
l'intérêt ; mais quand reviendra donc la plus
imposante solemnité de la paix et de la célébration de nos triomphes ? Qu'il sera beau ,
qu'il sera touchant , le jour où abjurant
toutes les haines, oubliant tous les ressenti-
mens, ne voyant plus dans nos amis des
ennemis , dans nos voisins des artisans de
nos maux ; rejettant tout sur le gouvernement décemviral qui, il faut en convenir,
a tourmenté, forcé toutes les volontés , et qui
véritablement était le premier coupable, dès

qu'il égarait l'opinion publique, quand,
dis-je, nous embrasserons-nous étroitement,
et verrons-nous disparaître et projets de vengeance, et accusations, et mépris, et calom-
nies ?

Ce jour, pour vos magistrats, sera le plus
solemnel et le plus précieux ; car, s'il est
beau d'avoir le courage de la persévérance,
il n'est pas moins généreux d'avoir celui du
pardon des injures, et de toutes les affec-
tions, l'une des plus chères aux cœurs des
bons citoyens, c'est la fraternité.

J. CHARRON.

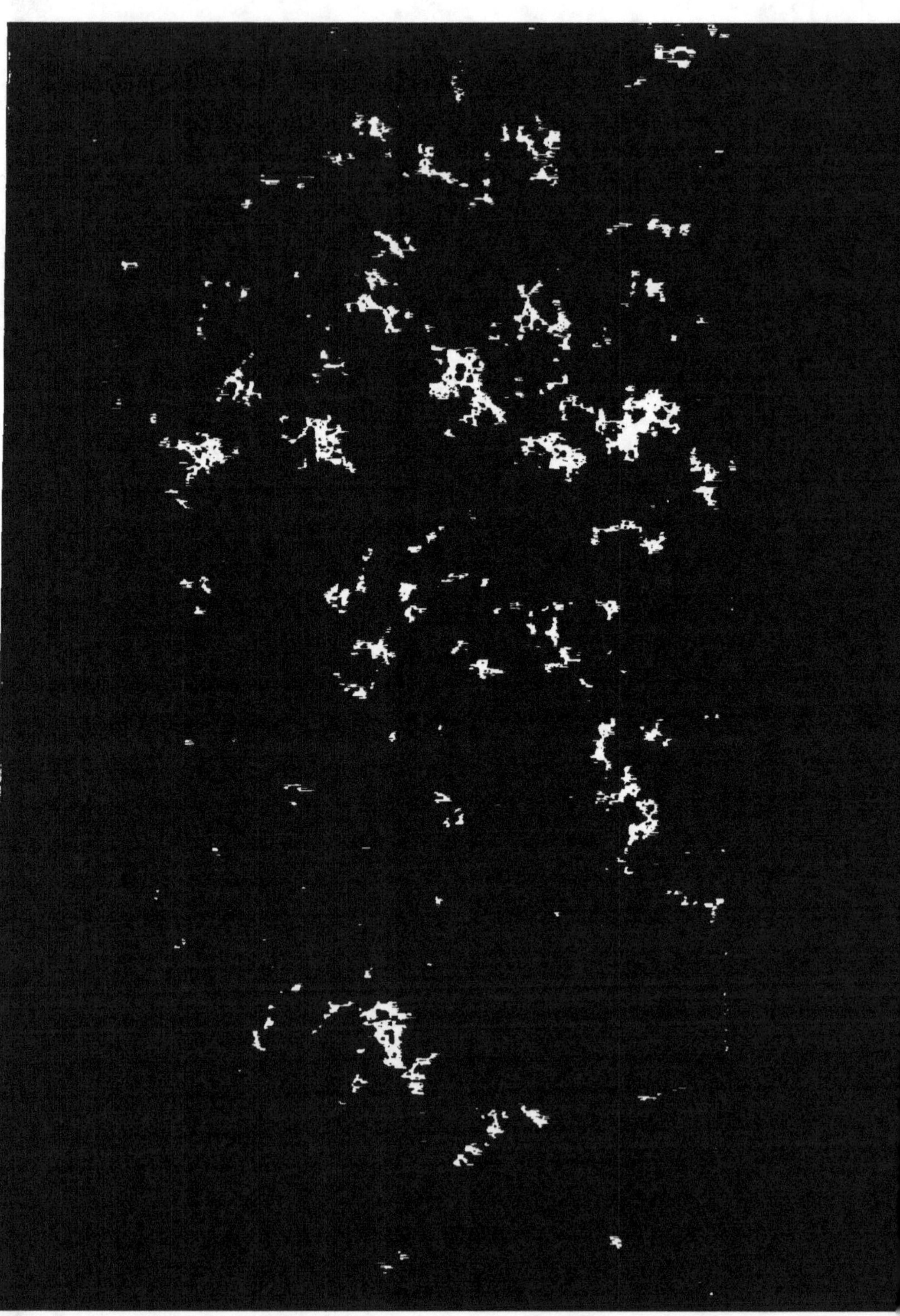